BEI GRIN MACHT SICH IHR WISSEN BEZAHLT

- Wir veröffentlichen Ihre Hausarbeit,
  Bachelor- und Masterarbeit

- Ihr eigenes eBook und Buch -
  weltweit in allen wichtigen Shops

- Verdienen Sie an jedem Verkauf

Jetzt bei www.GRIN.com hochladen und kostenlos publizieren

Bibliografische Information der Deutschen Nationalbibliothek:

Die Deutsche Bibliothek verzeichnet diese Publikation in der Deutschen National-
bibliografie; detaillierte bibliografische Daten sind im Internet über http://dnb.d-
nb.de/ abrufbar.

Impressum:

Copyright © 2009 GRIN Verlag, Open Publishing GmbH
Druck und Bindung: Books on Demand GmbH, Norderstedt Germany
ISBN: 9783640469093

Dieses Buch bei GRIN:

http://www.grin.com/de/e-book/138286/auto-und-motorjournalismus

Sandra Peter

Auto- und Motorjournalismus

GRIN Verlag

GRIN - Your knowledge has value

Der GRIN Verlag publiziert seit 1998 wissenschaftliche Arbeiten von Studenten, Hochschullehrern und anderen Akademikern als eBook und gedrucktes Buch. Die Verlagswebsite www.grin.com ist die ideale Plattform zur Veröffentlichung von Hausarbeiten, Abschlussarbeiten, wissenschaftlichen Aufsätzen, Dissertationen und Fachbüchern.

Auto- und Motorjournalismus

Ausarbeitung zum Referat vom 8. Januar 2009
von Sandra Peter

Modul Fachpublizistik
Hochschule Bremen

Inhaltsverzeichnis

1 Einleitung

„Mobilität gehört zum Menschen. Deshalb kann man sie nicht bekämpfen."

Dieses Zitat von Samuel Schmid, einem ehemaligen Schweizer Bundesrat, bringt auf den Punkt, worum es beim Motorjournalismus eigentlich geht (oder gehen soll): nicht nur um einen Haufen Blech auf vier Rädern, sondern um ein viel größeres Thema – Mobilität.

Während das Auto zum einen als der Deutschen liebstes Kind gilt, ist es zum anderen Lieferant vieler Probleme: Umweltverschmutzung durch Ausstoß von CO_2, Alkohol am Steuer, Verkehrssünder, Unfalltote, die Krise der Automobilhersteller (zu nennen ist vor allem Opel in 2009). Für Unmut sorgen hohe Spritpreise und Gedanken über eine mögliche Pkw-Maut. Gleichzeitig kann kaum einer aufs Auto verzichten, Zeitgenossen ohne Führerschein sind Exoten. Das Thema Auto also emotionalisiert, polarisiert, und die potenzielle Zielgruppe für Motorjournalismus ist riesig. Zumindest umfasst sie jeden, der Auto fahren kann, doch in Wirklichkeit gehen die Themen Mobilität und Verkehrspolitik auch diejenigen an, die das Autofahren nur als Beifahrer kennen.

Motorjournalismus hat also zumindest theoretisch viele Leser und Zuschauer. Doch zu vermuten ist, dass nicht alle Autojournalisten diesen gerecht werden können. Wie sieht es aus mit der Sachkenntnis der Journalisten, wie mit der Objektivität? Das sind Fragen, denen sich die vorliegende Ausarbeitung annähern möchte. Motorjournalismus soll allerdings erst Thema im zweiten Abschnitt dieser Arbeit sein. Zunächst geht es um das Auto an sich, seine Geschichte und Entstehung und darum, was es für seinen Besitzer verkörpert. Erst danach beschäftigt sich diese Ausarbeitung mit dem Motorjournalismus, seinem Ist-Zustand und seinen Problemen, und gibt einen Überblick über die Medienlandschaft. Im Fazit soll schließlich geklärt werden, ob Motorjournalisten als Fachjournalisten zu bezeichnen sind – die eigentliche Frage in diesem Seminar.

2 Das Auto

2.1 Ein kurzer Abriss zur Geschichte des Automobils[1]

- 1876 entwickelte Nikolaus August Otto den **Viertaktmotor**.
- 1886 beginnt die **Geschichte** des **heutigen Automobils** mit Verbrennungsmotor, als Carl Benz am 3.7.1886 das erste Automobil mit **Verbrennungsmotor** entwickelte. Kurz danach folgten Gottlieb Daimler, Wilhelm Maybach und Siegfried Marcus mit eigenen Modellen.
- Im Jahre 1891 entstanden die ersten **Automobilfabriken** in Europa, den USA und in Frankreich.
- 1897, 23 Jahre nach der Entwicklung des **Ottomotors**, entwickelte Rudolf Diesel den **Dieselmotor**, in dem er durch eine veränderte Methodik einen höheren Wirkungsgrad erreichen konnte.
- Bereits 1900 wurde der **Vorderantrieb** patentiert, 1901 folgte ein Patent auf **Scheibenbremsen** und 1903 entwickelte Mary Anderson den **Scheibenwischer**, der noch im selben Jahr patentiert wurde. 1913 erfand Henry Ford die **Fließbandproduktion** und so konnten Automobile in größeren Stückzahlen und vor allem auch deutlich günstiger hergestellt werden. In Deutschland startete die Fließbandproduktion erst im Jahre 1924. 1926 fusionierten die beiden Firmen Benz und Daimler zur Daimler-Benz AG.
- Erst 1957 waren **Beckensicherheitsgurte** auf Wunsch in Fahrzeugen verfügbar.
- 1974 gab es die ersten **Katalysatoren**, entwickelt von General Motors.
- Ab 2005 wurde vor allem Wert auf die Integration von Unterhaltungselektronik in das Interieur der **Automobile** gelegt und heute besitzen viele Neuwagen bereits ein integriertes Navigationssystem.
- Heute sind es vor allem Spritspar- und Umweltschutzgedanken, die die Entwickler beschäftigen.

2.2 Die Bedeutung des Automobils

Auf kaum eine technische Innovation ist die Menschheit heute so angewiesen wie auf das Automobil, fast niemand mag noch darauf verzichten und ein Leben ohne Automobile wäre undenkbar, konstatiert ganz richtig das Internetportal autotipps.net.[2]

Automobilindustrie in Deutschland

In Deutschland wurden zur Herstellung von Automobilen im Jahr 2004 etwa 773.000 Menschen direkt beschäftigt, weitere 329.000 bei den Zulieferern. Darüber hinaus gibt es die Arbeitsplätze

---

[1] http://autotipps.net/kfz-lexikon/geschichte-des-automobils
[2] http://autotipps.net/kfz-lexikon/geschichte-des-automobils

im Auto-Verkauf, der Reparatur und Wartung, sowie im Straßenbau. Somit ist das Auto von herausragender Bedeutung in der deutschen Volkswirtschaft – positiv (Arbeitsplätze) wie auch negativ (Absatzkrise / 2005).[3] Im Jahr 2006 verzeichnete Volkswagen mit 689.116 die meisten Neuzulassungen, gefolgt von Mercedes (342.768) und Opel (334.749).[4]

Das Image des Automobils

Auto ist nicht gleich Auto – was seine Fahrleistung angeht, aber auch sein Image. Wie mit seiner Kleidung sagt man vermeintlich auch mit seinem Auto etwas über sich aus, vermittelt ein bestimmtes Bild nach außen – über seine Vermögensverhältnisse, Alter, Charakter, Einstellung. Ob dies lediglich Vorurteile sind oder oftmals zutreffend, sei dahingestellt.

Das Handelsblatt hat auf seiner Homepage unter dem Titel „Mercedes-Fahrer werden spießiges Image nicht los" die Ergebnisse repräsentativen Umfrage des Nürnberger Marktforschungsinstituts puls veröffentlicht.[5] Autos der Marken Porsche, Mini und Audi werden im Urteil der Bevölkerung überwiegend von gut aussehenden Männern und Frauen gefahren. Dagegen vermuten viele Menschen am Steuer eines Mercedes einen eher spießigen oder ernsten Menschen, hinter der Heckscheibe eines Volkswagens einen fröhlichen Zeitgenossen, heißt es dort. Von den rund 1000 befragten Bundesbürgern schließen rund 40 Prozent der Befragten bei der Automarke Porsche auf einen besonders attraktiven Fahrer; bei der Marke Mini ist dies der Umfrage zufolge bei 35 Prozent, bei Audi zu 31 Prozent der Fall. Bei einem Porsche denken zudem 49 Prozent der Befragten an einen sportlichen, aber zugleich auch arroganten Fahrertyp.

56 Prozent glauben zudem, dass Porsche-Fahrer Draufgänger sind. 43 Prozent sagen Gleiches Fahrern der Marke BMW nach. Das Bild vom sportlichen Fahrer haben die befragten Bundesbürger auch bei den Automarken Mini-, BMW - und Audi vor Augen. Hinter dem Steuer von Ford -, Dacia - und Citroën-Modellen vermuten Viele hingegen unsportliche Fahrer.

Im Falle von Mercedes ordnen Befragte den Autos eher einen älteren Besitzer zu. Das Durchschnittsalter der Mercedes-Fahrer liegt nach Vermutungen der Bundesbürger bei 62 Jahren. Das zweitälteste Markenimage hätten die Marken Lexus (44 Jahre) und Porsche (42 Jahre). Die jüngsten Fahrer würden bei den Marken Mini (29 Jahre) und Smart (32 Jahre) vermutet, teilte das Marktforschungsunternehmen dem Handelsblatt zufolge mit.

---

[3] http://de.wikipedia.org/wiki/Automobilindustrie#Autoindustrie_in_Deutschland
[4] Ebd.
[5] http://www.handelsblatt.com/technologie/news/mercedes-fahrer-werden-spiessiges-image-nicht-los;2031187

In der Kategorie „fröhlich" haben Volkswagen-Fahrer die Nase vorn. Ihnen folgen Mini- und Smart-Fahrer. Die mit Abstand weiblichsten Marken sind laut Studie Mini, Smart und Fiat. Als besonders männlich gelten Porsche und BMW.

Nach Ansicht des Marktforschungsunternehmens puls müssen Automarken nach dieser Image-Befragung unter Umständen ihre Werbestrategien ändern. „Oft ist das Automarketing zu undifferenziert. Es entsteht der Eindruck, nur junge Menschen seien die Zielgruppe der Autobauer", zitiert das Handelsblatt Puls-Chef Konrad Weßner. Damit vermittle die Werbung nur bedingt, wen sich die Kunden als Zielgruppe der einzelnen Marken vorstellen. Dabei spiele das Fahrerimage einer Automarke eine entscheidende Rolle. „Nicht die, die eine Marke fahren, bestimmen das Image, sondern die, von denen man glaubt, dass sie ein bestimmtes Auto nutzen - dazwischen liegen oft Welten", erklärte Weßner gegenüber dem Handelsblatt.

Humorig betrachtet Thomas Hillenbrand in der Spiegel Online-Kolumne „Abgewürgt" (dazu später noch mehr) dieses Thema. In der Folge mit dem bezeichnenden Titel „Wer Volvo sagt, muss auch Lehrer sagen"[6], behauptet der Autor: „Sag mir, was du fährst – und ich sage dir, wer du bist. In der Regel reicht ein Blick auf das Fahrzeugheck, und man weiß, was für ein Mensch im Wagen sitzt."

So verwundert es nicht, dass das Image einer Automarke stark in die Kaufentscheidung mit einfließt, entsprechen bedacht sind Autohersteller, ein entsprechendes Image zu vermitteln, das sowohl auf Qualitätsbewusstsein als auch auf Emotionen abzielt. Spiegel Online schreibt dazu:

„Mit dem Image ist es so ähnlich wie mit der Schminke es muss immer wieder erneuert, gepflegt und korrigiert werden, damit es seine Wirkung nicht verfehlt. Die Fachleute der Essener Firma Marketing Systems haben das Image von rund 30 Automobilmarken in Deutschland jetzt unter die Lupe genommen und in einem Koordinatensystem zwischen den Begriffen Emotionen und Qualität verortet. Hohe Werte auf beiden Skalen erreichen dabei die so genannten Premiummarken Porsche, BMW, Audi und Mercedes. Stark im Bereich Emotion, aber schwach beim Thema Qualität sind die Marken Alfa Romeo, Jaguar und - mit Abstrichen - Honda. Hohe Qualitäts-, aber nur geringe Emotionswerte erreichen VW, Volvo, Saab, Toyota und Smart. Das Image der übrigen Marken ist in keinem der beiden Bereiche besonders signifikant."[7]

Das Auto als des Deutschen liebstes Kind

Eingebürgert hat sich der Ausdruck „Das Auto ist der Deutschen liebstes Kind", der Deutschland als autoverrückte Nation charakterisiert. Erstes Indiz dafür ist die bloße Zahl der Pkw in

---

[6] http://www.spiegel.de/auto/fahrkultur/0,1518,559346,00.html
[7] http://www.spiegel.de/auto/aktuell/0,1518,75825,00.html

Deutschland. Im Autoland Deutschland verfügen 82,8 Prozent der bundesweit rund 40 Millionen Haushalte über mindestens ein Auto, wie der ADAC 2010 mitteilte. Und fast ein Drittel der Haushalte (29 Prozent) besitze zwei oder mehr fahrbare Untersätze. Der Autoclub stützte sich dabei auf Daten einer Untersuchung „Mobilität in Deutschland", die das Infas-Institut in Bonn für das Bundesverkehrsministerium erstellt hatte. Vor allem Baden-Württemberg fährt demnach aufs Auto ab: Dort steht sogar bei 88,6 Prozent aller Haushalte ein Pkw vor der Haustür oder in der Garage. Auch die Haushalte in Bayern und dem Saarland seien mit jeweils 87,2 Prozent überdurchschnittlich gut mit Autos versorgt, berichtete der ADAC. In den Stadtstaaten spiele das Auto dagegen naturgemäß eine geringere Rolle. So hätten in Berlin nur 58,8 Prozent der Haushalte einen eigenen Wagen, in Hamburg 66 Prozent und in Bremen 72,4 Prozent.[8] Die Beziehung zum Automobil ist dabei oft eine emotionale: Menschen geben ihren Autos Kosenamen, vielerorts ist der Samstag für die Autopflege reserviert. Volkswagen brachte dieses Lebensgefühl einst mit dem Werbeslogan „Aus Liebe zum Automobil" auf den Punkt.

Im krassen Gegensatz dazu stehen die Gegner des Automobils, die auf die negativen Auswirkungen auf die Umwelt verweisen, auf Verkehrstote und auf Alkohol am Steuer. Ein Beispiel ist die Zeitschrift EMMA. Sie weist nicht nur darauf hin, dass 80 Prozent aller in Flensburg registrierten Verkehrssünder Männer sind, sondern kritisiert auch die Milde, mit der Verkehrssünder bestraft werden. Ebenso stellt sie den Schadstoffausstoß in den Mittelpunkt.[9] Die EMMA will ebenso einen negativen Einfluss des Autofahrens auf den Charakter festgestellt haben. So heißt es dort:

„Rund ums Automobil kristallisieren sich sämtliche Neurosen und Aggressionen, zu denen vor allem Männerseelen fähig sind. Ich habe Macher in Maßanzügen weinen sehen, als sie eine winzige Beule in ihrer Autotür bemerkten. Ich hörte von Autofahrern, die mit Selbstmord drohten, weil sie nach dem 27. Verkehrsvergehen mit einem halbjährigen Fahrverbot gestraft werden sollten. Ich saß neben einem eher zarten Philosophiestudenten, der an der Ampel plötzlich aufs Gaspedal seines VW-Polos trat, weil er sich nicht von einer Frau im Smart abhängen lassen wollte. Und wer einmal einen Abend bei einer Anwohnerversammlung zur Einrichtung verkehrsberuhigter Zonen verbracht hat, weiß, zu welchen Wutausbrüchen Männer fähig sind, die darum kämpfen, auch weiterhin mit 60 Stundenkilometern am Spielplatz vorbei brettern zu dürfen."[10]

Auf den Punkt bringt diese Ambivalenz zwischen „geliebtem Auto" und „Feindbild Auto" Marcus Simon in seinem Beitrag „Dem Weltwandel auf der Spur" an der LMU. Er schreibt darin:

„Das Auto ist des Deutschen liebstes Kind. Eine beeindruckende Bestätigung fand diese Plattitüde in den mit großem öffentlichem Interesse begleiteten Rettungsversuchen für den Autobauer Opel im Frühsommer 2009. Dabei schwang viel Symbolpolitik mit: Das Auto verkörpert wie kein anderer Gegenstand eine erfolgreiche wirtschaftliche Entwicklung. Jedem Bürger sein eigenes Auto – mit diesem Slogan lässt sich mühelos ein gesellschaftlicher Konsens formulieren.

---

[8] http://www.focus.de/panorama/welt/verkehr-das-auto-bleibt-der-deutschen-liebstes-kind_aid_524974.html
[9] http://www.emma.de/ressorts/artikel/oekologie/des-deutschen-mannes-liebstes-kind/
[10] Ebd.

Gesteigerte Mobilität gilt auch heute noch als sichtbarer Ausdruck des Fortschritts und signalisiert prosperierenden Wohlstand. Dass dieser Fortschritt zugleich Umweltprobleme verursacht, die wiederum für den Klimawandel mitverantwortlich sind, konnten die Pioniere des Automobilbaus im Ausgang des 19. Jahrhunderts noch nicht wissen. Aus einem ehrenwerten Motiv – mehr Wohlstand für möglichst viele Menschen – erwachsen somit neuartige Probleme."[11]

3 Motorjournalismus

3.1 Die Anfänge des Motorjournalismus

Als mit dem Auto der Motorjournalismus aufkam, hatte diese Special-Interest-Publizistik für Männer am Anfang eine ähnliche Funktion wie mehr als 100 Jahre zuvor die ersten Modezeitschriften für Frauen. Nur richteten sie sich nicht an die bereits aufgeklärten bürgerlichen Schichten, sondern an Arbeiter und kleine Angestellte, die sich endlich ein Auto leisten konnten. Die frühen Motor-Journale vermittelten dabei mehr als nur Spezialkenntnisse über das Auto; sie nutzten das Interesse ihrer Leser am begehrten und vertrauten Gegenstand, um sie über den Tellerrand ihrer unmittelbaren Interessen hinausblicken zu lassen. Sie nahmen somit Autos als Anlass, um über die ganze Welt zu informieren und nachzudenken[12].

3.2 Der Motor-Journalist Fritz B. Busch (geboren 1922)

Einer dieser frühen Motorjournalisten an war Fritz B. Busch, der als legendärster deutscher Motorjournalist gilt. Bekannt wurde Busch in den 50ern und 60er Jahren, als er für „auto motor und sport" eine Kolumne schrieb, die da hieß „Autos für Männer, die Pfeife rauchen". Der Titel deutet es bereits an: Die Kolumne war witzig aufgemacht und handelte oft mehr von den Menschen hinter dem Lenkrad und ihren Stärken und Schwächen, und nicht nur von den Autos an sich und von ihren technischen Details. Im Jahr 1973 gründete Busch sein eigenes Automobilmuseum, das er heute zwar nicht mehr leitet, aber das ihm immer noch am Herzen zu liegen scheint.[13] Mittlerweile ist Busch ein Kritiker des heutigen Motorjournalismus geworden, der sich seit seiner Zeit sehr gewandelt zu haben scheint. Es werde heute so schwach kritisiert, findet Busch, und meint, er habe früher noch draufhauen können, wenn ein Auto erschien, „das 1 000 Fehler hatte". Heute aber werde mit Rücksicht auf den Anzeigenleiter geschrieben. Außerdem sei der heutige Automobiljournalismus zu oberflächlich: „Die Kollegen jubeln und jubeln, wenn ein

---

[11] http://www.uni-muenchen.de/aktuelles/publikationen/einsichten/einsichten_aktuell/inhalt/interdisziplinaer/weltwandel_2009.pdf
[12] Vgl. Pöttker, 2006
[13] Vgl. http://www.automuseum-busch.de/

Auto 400 PS hat oder 450 oder noch mehr. Das ist doch alles Quatsch. Das sind Autos für einen Straßenverkehr, den es gar nicht mehr gibt."[14]

3.3 Motorjournalismus, wie er sein sollte

Im Idealfall soll der Motorjournalismus Öffentlichkeit schaffen für aktuelle Entwicklungen und Probleme, soll auf Missstände aufmerksam machen und damit dazu beitragen, eine sichere, zügige, komfortable und preiswerte Mobilität für alle zu ermöglichen. Dabei reicht die Themenpalette von technischen und technologischen Aspekte (neue Materialien) über Pkw-Modelle, juristische Fragen (z.b. nach einem Umfall), umweltgerechte Mobilität, wirtschaftliche Entwicklungen (Krise bei Opel) bis zu Verkehrspolitik (Einführung einer Pkw-Maut).

3.4 Der Ist-Zustand

Diese „Vision" vom idealen Motorjournalismus stammt von Beate Glaser, der Chefredakteurin vom Pressedienst „kraftfahrt-berichter", die dann aber auf Anfrage hin zugegeben hat, dass die Wirklichkeit im Motorjournalismus doch anders aussieht. Viele hätten sich zum Beispiel von der Faszination großer und schneller Auto anstecken lassen, anstatt sachliches Problembewusstsein an den Tag zu legen (Fritz B. Busch: „Ein Autotester ist eben auch nur ein Mann, der gerne spielt."[15]).

Dazu kommt, dass man richtig sachkundige Motorjournalisten nur selten findet. Vor allem bei Tageszeitungen handelt es sich oft um Kollegen aus der Sportredaktion oder aus anderen sachfremden Redaktionen. Mit ihrem Thema befinden sich die Motorjournalisten zudem in einem Auto-feindlichen Umfeld (das Auto wird oft als politisch nicht korrektes Fortbewegungsmittel eingestuft und so kommt es, dass es in den Medien oft etwas stiefmütterlich behandelt wird - obwohl es ein Thema ist, das so viele Menschen betrifft und im wahrsten Sinne des Wortes bewegt). Motorjournalisten haben sich bei den ersten Anzeichen von Autofeindlichkeit auf ihr ureigenes Terrain zurückgezogen und sich nur noch mit dem Auto an sich befasst. Damit überlassen sie die Kommentarspalten ihren Kollegen aus Wirtschaft und Politik.[16]

Außerdem versucht auch die in Deutschland sehr mächtige Autoindustrie Einfluss zu nehmen. Aus diesen Faktoren folgt dann das relativ durchwachsene Image der Motorjournalisten, denen oft der Vorwurf gemacht wird, beeinflussbar zu sein.

---

[14] http://www.berlinonline.de/berliner-zeitung/archiv/.bin/dump.fcgi/2007/0714/none/0011/index.html
[15] Ebd.
[16] Vgl. Schwerdtmann, 2007

Zuvor jedoch noch einmal zur Bedeutung des Motorjournalismus an, denn dort ist ein weiterer, praktischer Aspekt, dass oftmals Produkte durch die Kritik der Journalisten optimiert werden und dadurch im Endeffekt mehr Sicherheit für den Verbraucher entsteht. Zum Bespiel haben die Crash-Tests, die einst von „auto motor und sport" und dem TÜV Bayern entwickelt wurden, mit dazu beigetragen, dass Airbags in die Autos kamen[17]. Und auch, wenn es heute keine richtig schlechten Autos mehr gibt, sehen sich die Motorjournalisten nach wie vor gern noch als kritischer Partner der Autoindustrie. „Auto Bild" hat zum Beispiel die Bremsprobleme bei der Mercedes E-Klasse entdeckt – in diesem Fall sorgte die Berichterstattung für prompte Abhilfe durch die Hersteller[18].

Doch wie bereits angedeutet, Branchen- und Produktdarstellungen sind deutlich häufiger anzufinden als politische Beiträge im Bereich Automobil, was sich am Beispiel der Umweltthematik gut illustrieren lässt.

Viele Autozeitschriften sagten nämlich bei einer Umfrage der Fachzeitschrift „Autojournalist", dass das Thema Umwelt bei ihnen einen hohen Stellenwert hat; zum Beispiel die „ADACmotorwelt", die Zeitschrift „ACE Lenkrad" mit ihrem Ressort „Verkehr und Umwelt", und „Auto Bild", die „Emotionen aus dem Thema nehmen und möglichst sachlich aufklären will"[19]. Gut möglich, dass in diesen Antworten ein bisschen Selbstbeweihräucherung steckt, denn Kritiker werfen den Zeitschriften oft vor, dass ihre Umweltberichterstattung sich wieder nur auf das Produkt, also auf das Auto an sich, bezieht, zum Beispiel indem bei Tests statt Verbrauch nun auch der CO^2-Ausstoß beziffert wird[20].

Bei einer Studie unter der Leitung von Steffen Kolb (Uni Hamburg) zeigte sich nämlich, dass der Umweltaspekt innerhalb der Motorberichterstattung nur einen Rang im Mittelfeld belegt. In der Debatte um den Klimawandel haben viele Motorjournalisten ihr fachliches Urteil zurückgehalten, und in den Debatten um Feinstaub und Kohlendioxid gingen die Nachrichten nicht von Motorredakteuren aus, sondern von den Berliner Korrespondenten der Medien – und die sind zwar kompetent in Fragen der Wirtschaft und Politik, jedoch unter Umständen nicht immer in der Lage, plausibel Klingendes aus fremden Fachgebieten (wie dem Motorjournalismus) zu überprüfen[21].

---

[17] Vgl. Broecheler, 2003
[18] Vgl. Büh, 2004
[19] Vgl. Scheibl, 2004, und Glaser, 2007
[20] Vgl. Schwerdtmann, 2007
[21] Vgl. ebd.

Dazu kommt, dass das Auto wie gesagt heute noch immer als politisch unkorrektes Fortbewegungsmittel stigmatisiert ist, und dass Nachrichten, die das Automobil als „Sündenbock" darstellen, leichter zu Präsenz in den Medien gelangen[22].

3.5 Die Darstellung des Autos in der Tagespresse

Dazu passend fand eine Studie der Uni Bern unter Leitung von Roger Blum heraus, wie positiv, negativ oder neutral das Auto in der Tagespresse dargestellt wird. Die Studie bezieht sich auf Schweizer Printmedien, die Ergebnisse lassen sich jedoch auch übertragen.

Grundsätzlich lässt sich sagen, dass das Auto in der politischen Berichterstattung sehr kritisch betrachtet wird. Ein ganz anderes Bild zeigt sich dagegen auf den Autoseiten: Hier ist der Tenor deutlich positiver. Zum Wirtschaftsressort lässt sich sagen, dass es nur wenige Aussagen zum Fahrzeug an sich gibt; diese sind meist ausgewogen. Im Fokus der Wirtschaftsberichterstattung stehen einzelne Unternehmen oder die Autoindustrie.

Gründe für den kritischen Tenor der Journalisten im politischen Teil könnten wie folgt lauten: Das Auto ist Bestandteil der Verkehrs-, Umwelt-, Energie- und Wirtschaftspolitik. Ganz egal, ob die Politik den Güterverkehr stärker auf die Schiene verlagern will, etwas zur Verhinderung der Klimaerwärmung tun will (oder auch nicht), oder über die Einführung einer Pkw-Maut nachdenkt, immer erhält das Auto auch hohe Aufmerksamkeit in den Medien. Und weil diese Politikfelder umstritten sind, ist auch das Auto stärker Objekt der journalistischen Kritik- und Kontrollfunktion[23].

4 Probleme und Herausforderungen
4.1 Beeinflussung und Bestechlichkeit

Im folgenden Teil sollen die Probleme und Herausforderungen, denen sich der Motorjournalismus stellen muss, thematisiert werden. Zum Beispiel muss sich der Motorjournalist immer wieder mit dem Vorwurf der Bestechlichkeit auseinandersetzen. Schließlich wird er zu tollen Präsentationen an die schönsten Orte der Welt eingeladen, mit Geschenken verwöhnt und so versuchen die PR-Abteilungen der Automobilhersteller, ihn milde zu stimmen.

Der Motorjournalist Burkhard Strassmann hat dieses Dilemma einmal in einem seiner Artikel wie folgt beschrieben:

---

[22] Vgl. ebd.
[23] Vgl. Blum, 2008

„Der Motorjournalist ist meist schlecht angezogen, gern trägt er eine ältere Lederjacke, und nur solche, die sich in ihren Texten schon fast gar nicht mehr von Firmenverlautbarungen unterscheiden, sieht man in Anzug und blauem Hemd. Doch letztlich ist der Motorjournalist ein armer Hund, der nur gelegentlich ein neues Auto fahren darf. Darum ist er so anfällig für die Verlockungen von großer weiter Welt. Sein Beruf katapultiert ihn in Sphären, die er sich nie leisten könnte und würde. Nur durch solche Einladungen wird der Motorjournalist, was er im Grunde selbst nicht glaubt: bedeutend. Denn tief drinnen ist die Ahnung stets wach, dass er bestochen wird. Dass den Gastgebern am allerwenigsten an ihm persönlich liegt.“[24]

Allerdings: Jeder Journalist wird nach Möglichkeiten funktionalisiert und missbraucht: von Politikern, Kulturschaffenden, Industriellen, aber auch von Hilfsorganisationen und wackeren Elterninitiativen. Das Ziel ist dabei stets das gleiche: Es soll einer schönen oder profitablen Wahrheit zu Öffentlichkeit verholfen werden. Zwei Bereiche des Journalismus gelten dabei als besonders gefährdet: der Reisejournalismus – und der Motorjournalismus.
Nicht zu vergessen ist dabei jedoch, dass alle Journalisten „embedded journalists“ sind, die sich in einer gegenseitigen Abhängigkeit mit denen befinden, über die sie berichten. Nur beim Motorjournalisten ist es besonders offensichtlich[25].
Einer der „Chefankläger“ in dieser Sache ist Peter Glodschey, ein ehemaliger Chefredakteur von „Auto Bild“. Er wird wie folgt zitiert: „Das ganze System ist Bestechung... Ein Kollege, der einen SLK als Dauertestwagen vor der Tür hat, wird, salopp formuliert, sein Maul halten.“
Glodschey verurteilt den Motorjournalismus als „Champagner-Journalismus“, und sagt, mit Geschenken würden die Journalisten gefügig gemacht. Als Beispiele nannte er die Präsentation des Porsche 911 an der Cote d'Azur und die Geschichte um die Fahrwerksschwäche der Mercedes A-Klasse. Da hätten Journalisten mit der Branche unter einer Decke gesteckt[26].

Beweise gibt es für Glodscheys Vorwürfe jedoch nicht; der „Focus“ mutmaßte einst, dass sie nur späte Rache sein könnten, weil Glodschey bei „Auto Bild“ ins Abseits geraten war. Dagegen spricht nämlich auch: Das Ansehen bei anderen Motorjournalisten wird durch Kritik erhöht, nicht indem die Motorjournalisten irgendetwas schön schreiben. Schreiben Motorjournalisten zum Beispiel nicht, dass zum Beispiel das Fahrwerk eines Wagens schlecht ist (obwohl es das ist), dann machen sie sich ihren Kollegen gegenüber lächerlich, weil sie es offenbar nicht bemerkt haben[27]. Dazu kommt, dass die Tester die neuen Modelle oft von den Herstellern bekommen, bevor diese

---

[24] http://www.fairkehr.de/magframeset.html?fair_0303/titel/autowerbung.htm
[25] Vgl. ebd.
[26] Vgl. http://www.focus.de/auto/neuwagen/auto-journalismus-alles-wie-geschmiert_aid_167569.html
[27] Vgl. Wildhage, 2003

die PR-Maschine anwerfen – und dass Probefahrten dann nicht an der Côte d'Azur stattfinden, sondern auf einer Teststrecke in Deutschland.

4.2 Das journalistische Selbstverständnis der Motorjournalisten

Wie stehen die Motorjournalisten selbst zu diesen Vorwürfen? Der Journalist Fabian Hoberg hat zehn Interviews mit Motorjournalisten geführt und sie nach ihrem Selbstverständnis gefragt. Dabei kam heraus, dass zum Beispiel die viel zitierten Pressegeschenke in den vergangenen Jahren stark abgenommen haben und deshalb fast keine Angriffsfläche mehr für Korruptionsverdacht bieten. Und auch der Vorwurf, Motorjournalisten seien eher Reisejournalisten, wird von allen befragten Motorjournalisten zwar erkannt, aber trotzdem abgeschmettert. Abgelehnt werden außerdem luxuriöse Veranstaltungen, bei denen das Auto nicht mehr im Mittelpunkt steht. Und nach Meinung der befragten Journalisten hängt qualitativ hochwertiger Journalismus nicht von einem technisch ausgereiften Fachwissen ab, sondern vielmehr von journalistischer Kompetenz, obwohl ein technisches Grundverständnis von den meisten Befragten gefordert wird. Fazit der Interviews: Es sind also nicht alle Befragten Autofreaks, die „Benzin schnüffeln", sondern Journalisten, die sich auf ein Thema spezialisiert haben und dieses auch kritisch begleiten wollen[28]. Da jedoch nur eine geringe Zahl von Journalisten befragt wurde, müssen die Ergebnisse als nicht repräsentativ betrachtet werden.

5 Medienlandschaft
5.1 Print

Die Publikumspresse

Anhand der Analyse des VDZ (Verlag Deutscher Zeitschriftenverleger) wird in der Publikumspresse deutlich, dass die Zeitschriften „Auto Bild" (Springer-Verlag) und „auto motor und sport" (Motor Presse Stuttgart) zu den Auflagenstärksten gehören und im dritten Quartal des Jahres 2008 mit jeweils knapp 630.000 und 460.000 verkauften Exemplaren sich vom Rest der Presse distanzieren. Very-Special-Interest-Zeitschriften konnten im III/2008 nur selten über 100.000 Exemplare absetzen.

---

[28] Vgl. Hoberg, 2006

Auffällig an der Publikumspresse ist: Fast alle Publikationen haben in den letzten neun Jahren einen stetigen Rückgang an verkauften Auflagen zu verbuchen. Die Summe der verkauften Auflage hat sich zwischen III/1999 und III/2008 um circa 700.000 verringert.[29] Fazit: Der stetige Rückgang an verkauften Auflagen im Bereich der Presse macht auch vor der Motorpresse keinen Halt. Auch hier ist das Internet als Hauptkonkurrenz zu sehen.

Profil der Publikumspresse

„Auto Bild" hat als Zielgruppe jeden, der Auto fahren kann. Auffällig ist die Anlehnung von „Auto Bild" an die Tageszeitung „BILD". Denn auch „Auto Bild" hat ähnliche Muster in die Zeitschrift eingearbeitet; die Zeitschrift hat eher wenige Seiten, kurze Texte, ist sehr bunt aufgemacht, eine Fachsprache herrscht nicht. Die Erstausgabe erschien im Jahr 1986. „Auto Bild" erscheint im Axel Springer Verlag. Chefredakteur ist seit 2006 Bernd Wieland. 1986 kam Auto Bild mit dem Einführungspreis von 30 Pfennig auf den Zeitschriftenmarkt. Das Blatt etablierte sich in den ersten Jahren zu einem Preis von 1,- DM. 1999 wurde der Preis auf 1,90 DM erhöht. Aktuell kostet die Zeitschrift 1,50 Euro. „Auto Bild" hat mittlerweile mehrere Schwesterblätter für speziellere Interessen hervorgebracht, wie „Auto Bild Allrad" oder „Auto Bild Tuning". In der letzten Ausgabe des Jahres verleiht die Zeitschrift die "Goldene, Silberne oder Bronzene Möhre" an Modelle die vorzeitig rosten oder Defekte in den Bereichen Mechanik/Elektrik/Elektronik aufweisen.

„auto motor und sport" hat ein sehr ähnliches Muster wie „Auto Bild". Die Zeitschrift erschien erstmals jedoch schon 1946. Fans sammeln die alten Ausgaben oftmals seit Jahrzehnten. Tendenziell wirkt „auto motor und sport" etwas seriöser als „Auto Bild". „auto motor und sport" erscheint 14-tägig. Die Zeitschrift vergibt jährlich die Auszeichnung „Die Besten Autos", bei der unter allen Einsendungen der Leser drei aktuelle Autos verlost werden, und führt Imagebefragungen über die Hersteller bei den Lesern durch. Hierdurch hat sie eine hohe Bedeutung in der Automobilbranche erlangt.

Die Fachzeitschriften

„Media-Daten Online"[30] hat circa 35 Fachzeitschriften registriert. Die verkauften Auflagen sind verhältnismäßig gering. Mit Ausnahme von „autoFACHMANN" (66.000) kommen die Fachzeitschriften ungefähr monatlich auf 10.000 bis 20.000 verkaufte Exemplare. Die

---

[29] Vgl. http://www.pz-online.de/
[30] Vgl. http://www.mediadaten-online.com/mediadaten/suchmaske/systematisch.do

Fachzeitschriften habe eine klare Zielgruppe, die Menschen umfasst, bei denen Interesse eng mit Beruf verknüpft ist. Kfz-Meister, Technik-Ingenieur und Autohaus-Besitzer werden angesprochen. Die größte Publikation dürfte mit 66.000 Exemplaren „autoFACHMANN" sein. Diese Fachzeitschrift hat nach eigenen Aussagen einen Anzeigenteil im Heft von circa zehn Prozent.

Das Beispiel ADAC/Abendzeitung

Im folgenden Teil geht es um eine ganz spezielle Entwicklung im Print-Motorjournalismus: Seit Oktober 2003 erstellt der ADAC den gesamten redaktionellen Teil der Samstagsbeilage „Das Motormagazin mobil" der Münchner Abendzeitung. Aufmerksamen Lesern fiel schnell auf, die Beiträge des Magazins wirkten etwas schwerer, anders als der Rest der Zeitung, und ziemlich oft taucht das Wort „ADAC" auf.

Für den ADAC ist die Kooperation ein weiteres Podium zur Öffentlichkeitsarbeit. Michael Ramstetter, Öffentlichkeitsarbeitschef beim ADAC, gab sogar offen zu: „Wir freuen uns, dass wir in der Abendzeitung unsere Ideen und Ansichten verbreiten dürfen". Die Initiative zu der Kooperation sei aber nicht vom ADAC, sondern von der Abendzeitung ausgegangen, und der für den Motorteil der AZ zuständige Ressortleiter meint, dass „die Entscheidung nicht in der Redaktion gefallen" sei. Die Initiative kam also vom Abendzeitung-Geschäftsführer, der vor allem den „allgemeinen Kostendruck" als Grund angab[31].

ADAC-Sprecher Ramstetter meinte damals außerdem, dass der Club auch mit anderen Zeitungen bereits in Verhandlungen stehe, und zwar mit großen Titeln, die das ganze Bundesgebiet abdecken könnten. Auch die Autowirtschaft ist über diese Form von Meinungskonzentration unglücklich, denn sie wissen um den großen Einfluss des ADAC. Bisher standen dem nur zwei Instrumente der Öffentlichkeitsarbeit zur Verfügung: nämlich die „Motorwelt" und eine schlagkräftige Presseabteilung. Mit der neuen Entwicklung kam eine dritte Säule zur ADAC-Pressearbeit hinzu, bei der es aber vor allem an der reinigenden Kraft einer unabhängigen Redaktion fehlt.

Auch der Deutsche Rat für PR hat zu diesem Fall Stellung genommen und drei Hauptkritikpunkt herausgearbeitet.
(1) Liegt hier ein Fall von Schleichwerbung für den ADAC vor?
(2) Betreibt der ADAC dadurch eine unzulässige PR für sich selbst?

---

[31] Vgl.
http://www.faz.net/s/Rub8A25A66CA9514B9892E0074EDE4E5AFA/Doc~E58A268D264B24E4AA7F17A8ECAC1
383A~ATpl~Ecommon~Scontent.html

(3) Übernimmt der ADAC mit der angedachten Übertragung dieses Modells auf andere Verlage eine zu starke Position innerhalb des Motorjournalismus?

Den ersten Punkt verneint der Rat, da diese Kooperation offen geschieht. ADAC-PR-Chef Ramstetter teilte dem PR-Rat zudem mit, dass der ADAC von der AZ ein redaktionelles Honorar auf Seitenbasis erhalte. Damit liegt also kein Fall von Schleichwerbung vor (bei der es umgekehrt zu ADAC-Zahlungen an die AZ kommen müsste). Dass der ADAC PR-Absichten hat, ist zu vermuten, zumal er sie sogar indirekt bestätigt hat: „Wir freuen uns, dass wir in der Abendzeitung unsere Ideen und Ansichten verbreiten dürfen." Nach Meinung des PR-Rates ist das legitim. Bedenklich sei allerdings, dass die Zusammenarbeit nicht der Chef- oder der Motorredaktion der AZ überantwortet wird, sondern dem Verlag der AZ und seinem Geschäftsführer. Und zum dritten Kritikpunkt befindet der PR-Rat, dass die Auswirkungen einer solchen Meinungskonzentration auf den Berufsstand der Motorjournalisten und die Breite des Informationsangebots erheblich wären – sieht sich aber nicht in der Verantwortung, einzugreifen[32].

5.2 TV

Um die automobile Grundversorgung muss sich der deutsche Fernsehzuschauer sich keine großen Sorgen machen. Echte Höhepunkte allerdings gibt es trotz der Vielzahl der Motormagazine jedoch auch nicht.

Beginnen wir bei den Öffentlich-Rechtlichen: Das ZDF zum Beispiel hat kein einziges reinrassiges Automagazin mehr im Programm; Autoberichte sind zwanglos eingebettet in Serviceformate wie „Volle Kanne". In der ARD gibt es den „Ratgeber Auto und Verkehr", der wie der Name schon sagt hauptsächlich mit Service-Themen aufwartet. In der Sendung vom 3. Januar 2008 etwa lauteten zwei der Themen „Starthilfe: Was tun, wenn die Batterie streikt?" und „Zebrastreifen: wie gefährlich leben Fußgänger?".

Der SWR bietet außerdem die Sendung „Rasthaus", die es allerdings erst wieder im März 2009 gibt. Sat1 hat „Das sat1-automagazin", Kabel Eins hat „Abenteuer Auto", und VOX hat „Auto mobil" (bis Ende 2007 hieß die Sendung noch „auto motor sport tv", dann gab es jedoch Differenzen, da die Sendung meist „unterhaltsamere Themen" gehabt habe als das Magazin, und die Zusammenarbeit wurde beendet). Alles in allem unterscheiden sich die Automagazine im deutschen Fernsehen nicht sehr stark voneinander. Allesamt bieten sie ein buntes Einerlei aus Fahrberichten, Service-Themen und Fun-Beiträgen[33].

---

[32] Vgl. http://www.drpr-online.de/statische/itemshowone.php4?id=74
[33] Vgl Voss, 2005

16

5.3 Online am Beispiel der Kolumne „Abgewürgt" bei Spiegel Online[34]

Das Angebot an Auto- und Motorthemen im Internet ist beachtlich, um nicht gar zu sagen unüberschaubar. Deswegen soll an dieser Stelle exemplarisch auf ein meiner Meinung nach besonderes, originelles Stück Motorjournalismus eingegangen werden: Die Kolumne „Abgewürgt" von Thomas Hillenbrand, die in unregelmäßigen Abständen bei Spiegel Online erscheint.

„In seiner Autofahrer-Kolumne beschreibt er, mit welchen Fährnissen und Erfahrungen man als normaler Pkw-Pilot täglich konfrontiert wird - von monströsen Geländewagen über absurde Autobahnschilder und hinterhältige Navis bis zu lebensmüden Linksabbiegern." [35] In seinen Kolumnen spricht Hillenbrand also nicht nur die technische Seite an, sondern vor allem auch den Alltag des Autofahrens, in humoriger Form. So ist zu vermuten, dass sein potenzielles Zielpublikum weitaus größer ist als das allzu fachspezifischer, technischer Themen. Salopp gesagt: Wenn es um den Schilderwald geht oder um langsame Zeitgenossen auf der Autobahn, kann jeder mitreden, der schon mal Auto gefahren ist. So ist diese Herangehensweise, diese Spielart des Motorjournalismus, möglicherweise ein Instrument, diejenigen zu begeistern, die sich selbst eigentlich nicht als affin zum Autojournalismus bezeichnen würden.

Auf die Online-Auftritte der Printmedien soll an dieser Stelle nicht gesondert eingegangen werden (zum Beispiel www.autobild.de), da diese sich von der inhaltlichen Qualität und vom Tenor nicht wesentlich vom Printprodukt unterscheiden. Außerdem zeichnet das Internet sich durch eine ungeheure Anzahl an Foren aus, in denen auch der Laie publizieren kann. Inwieweit dieses noch Journalismus zu nennen ist (Stichwort Bürgerjournalismus, Blogs), ist fraglich. Allerdings, auch wenn diese Darstellungen oft nicht journalistisch daherkommen, mag manch engagierter Laie mehr fachspezifisches Know-How haben als mancher Journalist. Nicht ausgeschlossen auch, dass Informationen in Foren, die zum Beispiel durch Kfz-Meister o.ä. publiziert werden, nicht geringer einzuschätzen sind als die Informationen, die Motorjournalisten verbreiten.

6 Ist Motorjournalismus Fachjournalismus?

Nach meinem Verständnis *ist* Motorjournalismus in seiner *idealen Form* Fachjournalismus. In der Realität aber offenbart er jedoch oft Schwächen.

Fachjournalismus richtet sich an Experten und beruflich interessierte Laien; Motorjournalismus richtet sich größtenteils an interessierte Laien.

---

[34] www.spiegel.de/thema/abgewuergt
[35] Ebd.

Motorjournalismus ist meist faktenorientiert – auch, wenn sich der Motorjournalismus zu sehr von der Faszination großer und schneller Autos anstecken lässt und in diesen Fällen die Faktenorientiertheit leiden kann. Hintergrundinformationen und Experteninterviews sollten im Idealfall einen großen Teil in der Motorberichterstattung einnehmen. In der Realität aber beziehen sich diese wie kritisiert oft nur auf das Auto an sich, während sie den größeren (politischen oder wirtschaftlichen) Zusammenhang vernachlässigen.

Motorjournalisten sind selten Experten mit Fachstudium. Ein technisches Grundverständnis wird zwar vorausgesetzt, den richtig sachkundigen Motorjournalisten findet man allerdings nur selten. Das hängt jedoch auch vom Medium ab: Peter Schwerdtmann, ehemaliger Vorsitzender des VdM, bemängelt zum Beispiel, dass es sich vor allem bei Tageszeitungen oft um Kollegen aus der Sportredaktion oder aus anderen sachfremden Redaktionen handelt. Auch Chefsekretärinnen würden hier schon mal eine Chance bekommen. Die von Steffen Kolb geleitete Studie ergab außerdem, dass nur etwa ein Drittel der befragten Motorjournalisten auf Autothemen spezialisiert war[36]. Bei „Auto Bild" hingegen arbeiten laut dem ehemaligen Chefredakteur Peter Felske „mehr Fach- als Boulevard-Journalisten"[37].

7 Quellen

Internet
- http://www.focus.de/auto/neuwagen/auto-journalismus-alles-wie-geschmiert_aid_167569.html
- http://www.motor-talk.de/news/forschungsteam-der-uni-hamburg-stellt-studie-ueber-motorjournalismus-vor-t106525.html
- http://www.presserat.ch/9207.htm
- http://www.auto-gebrauchtwagen.de/meldung_9734.php
- http://www.premiumpresse.de/abendzeitung-und-adac-motorwelt-kooperieren-PR171636.html
- http://www.drpr-online.de/statische/itemshowone.php4?id=74
- http://www.faz.net/s/Rub8A25A66CA9514B9892E0074EDE4E5AFA/Doc~E58A268D26 4B24E4AA7F17A8ECAC1383A~ATpl~Ecommon~Scontent.html
- http://www.destatis.de/jetspeed/portal/cms/
- http://www.mercedes-benz.de/content/germany/mpc/mpc_germany_website/de/home_mpc/passengercars/home/p assenger_cars_world/heritage/history.html
- http://www.oldtimerinfo.de/
- http://www.fairkehr.de/magframeset.html?fair_0303/titel/autowerbung.htm
- http://www.automuseum-busch.de/
- http://www.berlinonline.de/berliner-zeitung/archiv/.bin/dump.fcgi/2007/0714/none/0011/index.html

---

[36] Vgl. Kolb, 2002
[37] Büh, 2004

18

- http://de.statista.org/statistik/diagramm/studie/32135/umfrage/auto-als-symbol-fuer-freiheit-und-ungebundenheit/
- http://de.statista.org/statistik/diagramm/studie/87884/umfrage/bevorzugte-marke-beim-autokauf/

- http://www.abendblatt.de/daten/2007/10/20/806884.html

- http://www.uni-muenchen.de/aktuelles/publikationen/einsichten/einsichten_aktuell/inhalt/interdisziplinaer/weltwandel_2009.pdf

- http://www.spiegel.de/thema/abgewuergt/

- http://www.emma.de/ressorts/artikel/oekologie/des-deutschen-mannes-liebstes-kind/

- http://www.deutz.de/live_deutz_com/file/chronik_de/app.html
- http://www.mannheim.de/io2/printView/webseiten/wirtschaft/innovationen/benz/benz_de.xdoc

- http://www.pz-online.de/

- http://www.schaepp.de/geschichte-automobile/in.html
- http://www.spiegel.de/wirtschaft/0,1518,599756,00.html

- http://www.vda.de/de/zahlen/index.html

- http://www.handelsblatt.com/technologie/news/mercedes-fahrer-werden-spiessiges-image-nicht-los;2031187

- http://www.vnr.de/artikel/Das+Auto+als+Statussymbol.html

- https://www.mediadaten-online.com/mediadaten/suchmaske/systematisch.do

Literatur, Zeitschriften, Studien
- Auto Bild (2009): Zitat der Woche, Ausgabe 1/2009
- Blum, Roger; Baumli, Manuela; Borer, Olivier (2007): Zur Darstellung des Autos in der Schweizer Öffentlichkeit. Studie der Universität Bern, Institut für Kommunikations- und Medienwissenschaft
- Broecheler, Kirsten „(2003): „Die Krise ist gut, um neue Themen anzugehen": Interview mit Bernd Ostmann. In: Autojournalist 2003
- Büh, Florian (2004): Wie mächtig sind Autojournalisten? – Interview mit Peter Felske. In: Autojournalist 2004
- Büh, Florian (2003): Wie werken die „Kleinen"? In: Autojournalist 2003

- Glaser, Beate M. (2007): Umweltsünder Auto? In: Autojournalist 2007
- Hiermeyer, Manuel (2006): Rasende Reporter: Knechte der Autoindustrie? Motorjournalisten und ihr Verhältnis zur Produkt-PR. In: Journalistik-Journal 1/2006, S. 12
- Hoberg, Fabian (2006): Benzin und Trüffel: Köder einer Branche? Eine Befragung zum Selbstverständnis von Autojournalisten. In: Journalistik-Journal 1/2006, S. 14
- Kolb, Steffen (2002): Exxonmobil Studie Motorjournalismus. Universität Hamburg, Institut für Journalistik und Kommunikationswissenschaft
- Kolb, Steffen (2006): Streichen von Werbung als Sanktion für Kritik. In: Journalistik-Journal 1/2006, S. 11

19

- McKim, Blake (2002): Why newspaper automotive sections collide with journalistic credibility. in: Ryson Review of Journalism
- Motorjournalist (Hrsg., 2007): München glänzt für die Mitglieder des Verbandes der Motorjournalisten In: Motorjournalist 3/2007
- Müller, Werner (2006): Vielreisende Alleskönner mit Rennfahrerqualitäten. Der Motorjournalist – ein Multifunktionsmodell. In: Journalistik-Journal 1/2006, S. 10
- Pöttker, Horst (2006): Special-Interest-Journalismus und seine Grenzen. In: Journalistik-Journal 1/2006, S. 2
- Prinzing, Marlis (2008): Lust und Frust im Automobiljournalismus In: medien heft 2008
- Roedel, Frank (2006): Probefahrten bei Lachs und Maracuja. Wie käuflich ist der Motorjournalismus? In: Journalistik-Journal 1/2006, S. 16
- Scheibl, Brigitte (2004): Zählt die Umwelt? In Autojournalist 2004
- Schwerdtmann, Peter (2007): Klimakatastrophe im Motorjournalismus. In: Autojournalist 2007
- Voss, Axel (2005): Fade Einheitskost – Deutsche Motorsendungen sind austauschbar wie Zündkerzen oder Ölfilter. In: Autojournalist 2005
- Wildhage, Christine (2003): Die größten Nehmer? In: Autojournalist 2003